Freunde sind die, die da sind, wenn andere gehen.

Dieses Freundebuch gehört

....

VORNAME: ....
NACHNAME: ....
SPITZNAME: ....
ALTER: ....
HOBBYS: ....
LIEBLINGSESSEN: ....
LIEBLINGSTIER: ....
LIEBLINGSFARBE: ....
LIEBLINGSLIED: ....
WOHER KENNEN WIR UNS: ....
....
WAS ICH AN DIR MAG: ....
....
....
....

FOTO

WAS ICH DIR NOCH SAGEN WOLLTE:

VORNAME: ....
NACHNAME: ....
SPITZNAME: ....
ALTER: ....
HOBBYS: ....
LIEBLINGSESSEN: ....
LIEBLINGSTIER: ....
LIEBLINGSFARBE: ....
LIEBLINGSLIED: ....
WOHER KENNEN WIR UNS: ....
....
WAS ICH AN DIR MAG: ....
....
....
....

FOTO

WAS ICH DIR NOCH SAGEN WOLLTE:

VORNAME: ....
NACHNAME: ....
SPITZNAME: ....
ALTER: ....
HOBBYS: ....
LIEBLINGSESSEN: ....
LIEBLINGSTIER: ....
LIEBLINGSFARBE: ....
LIEBLINGSLIED: ....
WOHER KENNEN WIR UNS: ....
....
WAS ICH AN DIR MAG: ....
....
....
....

FOTO

WAS ICH DIR NOCH SAGEN WOLLTE:

VORNAME: ....
NACHNAME: ....
SPITZNAME: ....
ALTER: ....
HOBBYS: ....
LIEBLINGSESSEN: ....
LIEBLINGSTIER: ....
LIEBLINGSFARBE: ....
LIEBLINGSLIED: ....
WOHER KENNEN WIR UNS: ....
....
WAS ICH AN DIR MAG: ....
....
....
....

FOTO

WAS ICH DIR NOCH SAGEN WOLLTE:

VORNAME: ....
NACHNAME: ....
SPITZNAME: ....
ALTER: ....
HOBBYS: ....
LIEBLINGSESSEN: ....
LIEBLINGSTIER: ....
LIEBLINGSFARBE: ....
LIEBLINGSLIED: ....
WOHER KENNEN WIR UNS: ....
....
WAS ICH AN DIR MAG: ....
....
....
....

FOTO

WAS ICH DIR NOCH SAGEN WOLLTE:

VORNAME: ....
NACHNAME: ....
SPITZNAME: ....
ALTER: ....
HOBBYS: ....
LIEBLINGSESSEN: ....
LIEBLINGSTIER: ....
LIEBLINGSFARBE: ....
LIEBLINGSLIED: ....
WOHER KENNEN WIR UNS: ....
....
WAS ICH AN DIR MAG: ....
....
....
....

FOTO

WAS ICH DIR NOCH SAGEN WOLLTE:

VORNAME: ....
NACHNAME: ....
SPITZNAME: ....
ALTER: ....
HOBBYS: ....
LIEBLINGSESSEN: ....
LIEBLINGSTIER: ....
LIEBLINGSFARBE: ....
LIEBLINGSLIED: ....
WOHER KENNEN WIR UNS: ....
....
WAS ICH AN DIR MAG: ....
....
....
....

FOTO

WAS ICH DIR NOCH SAGEN WOLLTE:

VORNAME: ....
NACHNAME: ....
SPITZNAME: ....
ALTER: ....
HOBBYS: ....
LIEBLINGSESSEN: ....
LIEBLINGSTIER: ....
LIEBLINGSFARBE: ....
LIEBLINGSLIED: ....
WOHER KENNEN WIR UNS: ....
....
WAS ICH AN DIR MAG: ....
....
....
....

FOTO

WAS ICH DIR NOCH SAGEN WOLLTE:

VORNAME: ....
NACHNAME: ....
SPITZNAME: ....
ALTER: ....
HOBBYS: ....
LIEBLINGSESSEN: ....
LIEBLINGSTIER: ....
LIEBLINGSFARBE: ....
LIEBLINGSLIED: ....
WOHER KENNEN WIR UNS: ....
....
WAS ICH AN DIR MAG: ....
....
....
....

FOTO

WAS ICH DIR NOCH SAGEN WOLLTE:

VORNAME: ....
NACHNAME: ....
SPITZNAME: ....
ALTER: ....
HOBBYS: ....
LIEBLINGSESSEN: ....
LIEBLINGSTIER: ....
LIEBLINGSFARBE: ....
LIEBLINGSLIED: ....
WOHER KENNEN WIR UNS: ....
....
WAS ICH AN DIR MAG: ....
....
....
....

FOTO

WAS ICH DIR NOCH SAGEN WOLLTE:

VORNAME: ....
NACHNAME: ....
SPITZNAME: ....
ALTER: ....
HOBBYS: ....
LIEBLINGSESSEN: ....
LIEBLINGSTIER: ....
LIEBLINGSFARBE: ....
LIEBLINGSLIED: ....
WOHER KENNEN WIR UNS: ....
....
WAS ICH AN DIR MAG: ....
....
....
....

FOTO

WAS ICH DIR NOCH SAGEN WOLLTE:

VORNAME: ....
NACHNAME: ....
SPITZNAME: ....
ALTER: ....
HOBBYS: ....
LIEBLINGSESSEN: ....
LIEBLINGSTIER: ....
LIEBLINGSFARBE: ....
LIEBLINGSLIED: ....
WOHER KENNEN WIR UNS: ....
....
WAS ICH AN DIR MAG: ....
....
....
....

FOTO

WAS ICH DIR NOCH SAGEN WOLLTE:

VORNAME: ....
NACHNAME: ....
SPITZNAME: ....
ALTER: ....
HOBBYS: ....
LIEBLINGSESSEN: ....
LIEBLINGSTIER: ....
LIEBLINGSFARBE: ....
LIEBLINGSLIED: ....
WOHER KENNEN WIR UNS: ....
....
WAS ICH AN DIR MAG: ....
....
....
....

FOTO

WAS ICH DIR NOCH SAGEN WOLLTE:

VORNAME: ....
NACHNAME: ....
SPITZNAME: ....
ALTER: ....
HOBBYS: ....
LIEBLINGSESSEN: ....
LIEBLINGSTIER: ....
LIEBLINGSFARBE: ....
LIEBLINGSLIED: ....
WOHER KENNEN WIR UNS: ....
....
WAS ICH AN DIR MAG: ....
....
....
....

FOTO

WAS ICH DIR NOCH SAGEN WOLLTE:

VORNAME: ....
NACHNAME: ....
SPITZNAME: ....
ALTER: ....
HOBBYS: ....
LIEBLINGSESSEN: ....
LIEBLINGSTIER: ....
LIEBLINGSFARBE: ....
LIEBLINGSLIED: ....
WOHER KENNEN WIR UNS: ....
....
WAS ICH AN DIR MAG: ....
....
....
....

FOTO

WAS ICH DIR NOCH SAGEN WOLLTE:

VORNAME: ....
NACHNAME: ....
SPITZNAME: ....
ALTER: ....
HOBBYS: ....
LIEBLINGSESSEN: ....
LIEBLINGSTIER: ....
LIEBLINGSFARBE: ....
LIEBLINGSLIED: ....
WOHER KENNEN WIR UNS: ....
....
WAS ICH AN DIR MAG: ....
....
....
....

FOTO

WAS ICH DIR NOCH SAGEN WOLLTE:

VORNAME: ....
NACHNAME: ....
SPITZNAME: ....
ALTER: ....
HOBBYS: ....
LIEBLINGSESSEN: ....
LIEBLINGSTIER: ....
LIEBLINGSFARBE: ....
LIEBLINGSLIED: ....
WOHER KENNEN WIR UNS: ....
....
WAS ICH AN DIR MAG: ....
....
....
....

FOTO

WAS ICH DIR NOCH SAGEN WOLLTE:

VORNAME: ....
NACHNAME: ....
SPITZNAME: ....
ALTER: ....
HOBBYS: ....
LIEBLINGSESSEN: ....
LIEBLINGSTIER: ....
LIEBLINGSFARBE: ....
LIEBLINGSLIED: ....
WOHER KENNEN WIR UNS: ....
....
WAS ICH AN DIR MAG: ....
....
....
....

FOTO

ized} WAS ICH DIR NOCH SAGEN WOLLTE:

VORNAME: ....
NACHNAME: ....
SPITZNAME: ....
ALTER: ....

FOTO

HOBBYS: ....
LIEBLINGSESSEN: ....
LIEBLINGSTIER: ....
LIEBLINGSFARBE: ....
LIEBLINGSLIED: ....
WOHER KENNEN WIR UNS: ....
....
WAS ICH AN DIR MAG: ....
....
....
....

WAS ICH DIR NOCH SAGEN WOLLTE:

VORNAME: ....
NACHNAME: ....
SPITZNAME: ....
ALTER: ....
HOBBYS: ....
LIEBLINGSESSEN: ....
LIEBLINGSTIER: ....
LIEBLINGSFARBE: ....
LIEBLINGSLIED: ....
WOHER KENNEN WIR UNS: ....
....
WAS ICH AN DIR MAG: ....
....
....
....

FOTO

WAS ICH DIR NOCH SAGEN WOLLTE:

VORNAME: ....
NACHNAME: ....
SPITZNAME: ....
ALTER: ....
HOBBYS: ....
LIEBLINGSESSEN: ....
LIEBLINGSTIER: ....
LIEBLINGSFARBE: ....
LIEBLINGSLIED: ....
WOHER KENNEN WIR UNS: ....
....
WAS ICH AN DIR MAG: ....
....
....
....

FOTO

WAS ICH DIR NOCH SAGEN WOLLTE:

VORNAME: ....
NACHNAME: ....
SPITZNAME: ....
ALTER: ....
HOBBYS: ....
LIEBLINGSESSEN: ....
LIEBLINGSTIER: ....
LIEBLINGSFARBE: ....
LIEBLINGSLIED: ....
WOHER KENNEN WIR UNS: ....
....
WAS ICH AN DIR MAG: ....
....
....
....

FOTO

WAS ICH DIR NOCH SAGEN WOLLTE:

VORNAME: ....
NACHNAME: ....
SPITZNAME: ....
ALTER: ....
HOBBYS: ....
LIEBLINGSESSEN: ....
LIEBLINGSTIER: ....
LIEBLINGSFARBE: ....
LIEBLINGSLIED: ....
WOHER KENNEN WIR UNS: ....
....
WAS ICH AN DIR MAG: ....
....
....
....

FOTO

WAS ICH DIR NOCH SAGEN WOLLTE:

VORNAME: ....
NACHNAME: ....
SPITZNAME: ....
ALTER: ....
HOBBYS: ....
LIEBLINGSESSEN: ....
LIEBLINGSTIER: ....
LIEBLINGSFARBE: ....
LIEBLINGSLIED: ....
WOHER KENNEN WIR UNS: ....
....
WAS ICH AN DIR MAG: ....
....
....
....

FOTO

WAS ICH DIR NOCH SAGEN WOLLTE:

VORNAME: ....
NACHNAME: ....
SPITZNAME: ....
ALTER: ....
HOBBYS: ....
LIEBLINGSESSEN: ....
LIEBLINGSTIER: ....
LIEBLINGSFARBE: ....
LIEBLINGSLIED: ....
WOHER KENNEN WIR UNS: ....
....
WAS ICH AN DIR MAG: ....
....
....
....

FOTO

WAS ICH DIR NOCH SAGEN WOLLTE:

VORNAME: ....
NACHNAME: ....
SPITZNAME: ....
ALTER: ....
HOBBYS: ....
LIEBLINGSESSEN: ....
LIEBLINGSTIER: ....
LIEBLINGSFARBE: ....
LIEBLINGSLIED: ....
WOHER KENNEN WIR UNS: ....
....
WAS ICH AN DIR MAG: ....
....
....
....

FOTO

WAS ICH DIR NOCH SAGEN WOLLTE:

VORNAME: ....
NACHNAME: ....
SPITZNAME: ....
ALTER: ....
HOBBYS: ....
LIEBLINGSESSEN: ....
LIEBLINGSTIER: ....
LIEBLINGSFARBE: ....
LIEBLINGSLIED: ....
WOHER KENNEN WIR UNS: ....
....
WAS ICH AN DIR MAG: ....
....
....
....

FOTO

WAS ICH DIR NOCH SAGEN WOLLTE:

VORNAME: ....
NACHNAME: ....
SPITZNAME: ....
ALTER: ....
HOBBYS: ....
LIEBLINGSESSEN: ....
LIEBLINGSTIER: ....
LIEBLINGSFARBE: ....
LIEBLINGSLIED: ....
WOHER KENNEN WIR UNS: ....
....
WAS ICH AN DIR MAG: ....
....
....
....

FOTO

WAS ICH DIR NOCH SAGEN WOLLTE:

VORNAME: ....
NACHNAME: ....
SPITZNAME: ....
ALTER: ....

FOTO

HOBBYS: ....
LIEBLINGSESSEN: ....
LIEBLINGSTIER: ....
LIEBLINGSFARBE: ....
LIEBLINGSLIED: ....
WOHER KENNEN WIR UNS: ....
....
WAS ICH AN DIR MAG: ....
....
....
....

WAS ICH DIR NOCH SAGEN WOLLTE:

VORNAME: ....
NACHNAME: ....
SPITZNAME: ....
ALTER: ....
HOBBYS: ....
LIEBLINGSESSEN: ....
LIEBLINGSTIER: ....
LIEBLINGSFARBE: ....
LIEBLINGSLIED: ....
WOHER KENNEN WIR UNS: ....
....
WAS ICH AN DIR MAG: ....
....
....
....

FOTO

WAS ICH DIR NOCH SAGEN WOLLTE:

VORNAME: ....
NACHNAME: ....
SPITZNAME: ....
ALTER: ....
HOBBYS: ....
LIEBLINGSESSEN: ....
LIEBLINGSTIER: ....
LIEBLINGSFARBE: ....
LIEBLINGSLIED: ....
WOHER KENNEN WIR UNS: ....
....

WAS ICH AN DIR MAG: ....
....
....
....

FOTO

WAS ICH DIR NOCH SAGEN WOLLTE:

VORNAME: ....
NACHNAME: ....
SPITZNAME: ....
ALTER: ....
HOBBYS: ....
LIEBLINGSESSEN: ....
LIEBLINGSTIER: ....
LIEBLINGSFARBE: ....
LIEBLINGSLIED: ....
WOHER KENNEN WIR UNS: ....
....
WAS ICH AN DIR MAG: ....
....
....
....

FOTO

WAS ICH DIR NOCH SAGEN WOLLTE:

VORNAME: ....
NACHNAME: ....
SPITZNAME: ....
ALTER: ....
HOBBYS: ....
LIEBLINGSESSEN: ....
LIEBLINGSTIER: ....
LIEBLINGSFARBE: ....
LIEBLINGSLIED: ....
WOHER KENNEN WIR UNS: ....
....
WAS ICH AN DIR MAG: ....
....
....
....

FOTO

WAS ICH DIR NOCH SAGEN WOLLTE:

VORNAME: ....
NACHNAME: ....
SPITZNAME: ....
ALTER: ....
HOBBYS: ....
LIEBLINGSESSEN: ....
LIEBLINGSTIER: ....
LIEBLINGSFARBE: ....
LIEBLINGSLIED: ....
WOHER KENNEN WIR UNS: ....
....
WAS ICH AN DIR MAG: ....
....
....
....

FOTO

WAS ICH DIR NOCH SAGEN WOLLTE:

VORNAME: ....
NACHNAME: ....
SPITZNAME: ....
ALTER: ....
HOBBYS: ....
LIEBLINGSESSEN: ....
LIEBLINGSTIER: ....
LIEBLINGSFARBE: ....
LIEBLINGSLIED: ....
WOHER KENNEN WIR UNS: ....
....
WAS ICH AN DIR MAG: ....
....
....
....

FOTO

WAS ICH DIR NOCH SAGEN WOLLTE:

VORNAME: ....
NACHNAME: ....
SPITZNAME: ....
ALTER: ....
HOBBYS: ....
LIEBLINGSESSEN: ....
LIEBLINGSTIER: ....
LIEBLINGSFARBE: ....
LIEBLINGSLIED: ....
WOHER KENNEN WIR UNS: ....
....
WAS ICH AN DIR MAG: ....
....
....
....

FOTO

WAS ICH DIR NOCH SAGEN WOLLTE:

VORNAME: ....
NACHNAME: ....
SPITZNAME: ....
ALTER: ....
HOBBYS: ....
LIEBLINGSESSEN: ....
LIEBLINGSTIER: ....
LIEBLINGSFARBE: ....
LIEBLINGSLIED: ....
WOHER KENNEN WIR UNS: ....
....
WAS ICH AN DIR MAG: ....
....
....

FOTO

WAS ICH DIR NOCH SAGEN WOLLTE:

VORNAME: ....
NACHNAME: ....
SPITZNAME: ....
ALTER: ....
HOBBYS: ....

FOTO

LIEBLINGSESSEN: ....
LIEBLINGSTIER: ....
LIEBLINGSFARBE: ....
LIEBLINGSLIED: ....
WOHER KENNEN WIR UNS: ....
....

WAS ICH AN DIR MAG: ....
....
....
....

WAS ICH DIR NOCH SAGEN WOLLTE:

VORNAME: ....
NACHNAME: ....
SPITZNAME: ....
ALTER: ....
HOBBYS: ....

FOTO

LIEBLINGSESSEN: ....
LIEBLINGSTIER: ....
LIEBLINGSFARBE: ....
LIEBLINGSLIED: ....
WOHER KENNEN WIR UNS: ....
....
WAS ICH AN DIR MAG: ....
....
....
....

WAS ICH DIR NOCH SAGEN WOLLTE:

VORNAME: ....
NACHNAME: ....
SPITZNAME: ....
ALTER: ....
HOBBYS: ....
LIEBLINGSESSEN: ....
LIEBLINGSTIER: ....
LIEBLINGSFARBE: ....
LIEBLINGSLIED: ....
WOHER KENNEN WIR UNS: ....
....
WAS ICH AN DIR MAG: ....
....
....
....

FOTO

WAS ICH DIR NOCH SAGEN WOLLTE:

VORNAME: ....
NACHNAME: ....
SPITZNAME: ....
ALTER: ....
HOBBYS: ....
LIEBLINGSESSEN: ....
LIEBLINGSTIER: ....
LIEBLINGSFARBE: ....
LIEBLINGSLIED: ....
WOHER KENNEN WIR UNS: ....
....
WAS ICH AN DIR MAG: ....
....
....
....

FOTO

WAS ICH DIR NOCH SAGEN WOLLTE:

VORNAME: ....
NACHNAME: ....
SPITZNAME: ....
ALTER: ....
HOBBYS: ....
LIEBLINGSESSEN: ....
LIEBLINGSTIER: ....
LIEBLINGSFARBE: ....
LIEBLINGSLIED: ....
WOHER KENNEN WIR UNS: ....
....
WAS ICH AN DIR MAG: ....
....
....
....

FOTO

WAS ICH DIR NOCH SAGEN WOLLTE:

VORNAME: ....
NACHNAME: ....
SPITZNAME: ....
ALTER: ....
HOBBYS: ....
LIEBLINGSESSEN: ....
LIEBLINGSTIER: ....
LIEBLINGSFARBE: ....
LIEBLINGSLIED: ....
WOHER KENNEN WIR UNS: ....
....

WAS ICH AN DIR MAG: ....
....
....
....

FOTO

WAS ICH DIR NOCH SAGEN WOLLTE:

VORNAME: ....
NACHNAME: ....
SPITZNAME: ....
ALTER: ....
HOBBYS: ....
LIEBLINGSESSEN: ....
LIEBLINGSTIER: ....
LIEBLINGSFARBE: ....
LIEBLINGSLIED: ....
WOHER KENNEN WIR UNS: ....
....

WAS ICH AN DIR MAG: ....
....
....
....

FOTO

WAS ICH DIR NOCH SAGEN WOLLTE:

VORNAME: ....
NACHNAME: ....
SPITZNAME: ....
ALTER: ....
HOBBYS: ....
LIEBLINGSESSEN: ....
LIEBLINGSTIER: ....
LIEBLINGSFARBE: ....
LIEBLINGSLIED: ....
WOHER KENNEN WIR UNS: ....
....
WAS ICH AN DIR MAG: ....
....
....
....

FOTO

WAS ICH DIR NOCH SAGEN WOLLTE:

VORNAME: ....
NACHNAME: ....
SPITZNAME: ....
ALTER: ....
HOBBYS: ....
LIEBLINGSESSEN: ....
LIEBLINGSTIER: ....
LIEBLINGSFARBE: ....
LIEBLINGSLIED: ....
WOHER KENNEN WIR UNS: ....
....
WAS ICH AN DIR MAG: ....
....
....
....

FOTO

WAS ICH DIR NOCH SAGEN WOLLTE:

VORNAME: ....
NACHNAME: ....
SPITZNAME: ....
ALTER: ....
HOBBYS: ....
LIEBLINGSESSEN: ....
LIEBLINGSTIER: ....
LIEBLINGSFARBE: ....
LIEBLINGSLIED: ....
WOHER KENNEN WIR UNS: ....
....
WAS ICH AN DIR MAG: ....
....
....
....

FOTO

WAS ICH DIR NOCH SAGEN WOLLTE:

VORNAME: ....
NACHNAME: ....
SPITZNAME: ....
ALTER: ....
HOBBYS: ....
LIEBLINGSESSEN: ....
LIEBLINGSTIER: ....
LIEBLINGSFARBE: ....
LIEBLINGSLIED: ....
WOHER KENNEN WIR UNS: ....
....
WAS ICH AN DIR MAG: ....
....
....
....

FOTO

WAS ICH DIR NOCH SAGEN WOLLTE:

VORNAME: ....
NACHNAME: ....
SPITZNAME: ....
ALTER: ....
HOBBYS: ....
LIEBLINGSESSEN: ....
LIEBLINGSTIER: ....
LIEBLINGSFARBE: ....
LIEBLINGSLIED: ....
WOHER KENNEN WIR UNS: ....
....
WAS ICH AN DIR MAG: ....
....
....
....

FOTO

WAS ICH DIR NOCH SAGEN WOLLTE:

VORNAME: ....
NACHNAME: ....
SPITZNAME: ....
ALTER: ....
HOBBYS: ....
LIEBLINGSESSEN: ....
LIEBLINGSTIER: ....
LIEBLINGSFARBE: ....
LIEBLINGSLIED: ....
WOHER KENNEN WIR UNS: ....
....
WAS ICH AN DIR MAG: ....
....
....
....

FOTO

WAS ICH DIR NOCH SAGEN WOLLTE:

VORNAME: ....
NACHNAME: ....
SPITZNAME: ....
ALTER: ....
HOBBYS: ....
LIEBLINGSESSEN: ....
LIEBLINGSTIER: ....
LIEBLINGSFARBE: ....
LIEBLINGSLIED: ....
WOHER KENNEN WIR UNS: ....
....
WAS ICH AN DIR MAG: ....
....
....
....

FOTO

WAS ICH DIR NOCH SAGEN WOLLTE:

VORNAME: ....
NACHNAME: ....
SPITZNAME: ....
ALTER: ....
HOBBYS: ....
LIEBLINGSESSEN: ....
LIEBLINGSTIER: ....
LIEBLINGSFARBE: ....
LIEBLINGSLIED: ....
WOHER KENNEN WIR UNS: ....
....
WAS ICH AN DIR MAG: ....
....
....
....

FOTO

WAS ICH DIR NOCH SAGEN WOLLTE:

VORNAME: ....
NACHNAME: ....
SPITZNAME: ....
ALTER: ....
HOBBYS: ....
LIEBLINGSESSEN: ....
LIEBLINGSTIER: ....
LIEBLINGSFARBE: ....
LIEBLINGSLIED: ....
WOHER KENNEN WIR UNS: ....
....
WAS ICH AN DIR MAG: ....
....
....
....

FOTO

WAS ICH DIR NOCH SAGEN WOLLTE:

VORNAME: ....
NACHNAME: ....
SPITZNAME: ....
ALTER: ....
HOBBYS: ....

FOTO

LIEBLINGSESSEN: ....
LIEBLINGSTIER: ....
LIEBLINGSFARBE: ....
LIEBLINGSLIED: ....
WOHER KENNEN WIR UNS: ....
....
WAS ICH AN DIR MAG: ....
....
....
....

WAS ICH DIR NOCH SAGEN WOLLTE:

Copyright © 2019 All rights reserved.
Selbstverleger: Pierre Nabel, Pütthauserstraße 22, 26389 Wilhelmshaven

Printed in Poland
by Amazon Fulfillment
Poland Sp. z o.o., Wrocław